W0338780

GÜTERSLOHER
VERLAGSHAUS

Gütersloher Verlagshaus. Dem Leben vertrauen

Anselm Grün

Die Weisheit der Wüstenväter

Gütersloher Verlagshaus

DIE WÜSTE ist ein spiritueller Ort, ein Ort, an dem uns Gott näher ist, an dem uns der Himmel nahe ist. Die Wüste ist beides: Ort der Versuchung und Ort der besonderen Nähe Gottes, Ort der Finsternis und des Lichtes, Ort, an dem die Dämonen hausen, und der Ort, an dem der Himmel sich über uns öffnet und wir das Geheimnis unseres Lebens feiern: dass Gott mit uns ist, ja dass der Himmel in uns ist, dass Gott in unserem Herzen Wohnung genommen hat.

ENDE DES DRITTEN JAHRHUNDERTS zogen die ersten Männer in die Wüste, um dort allein zu sein und sich nur der Gottsuche zu widmen. Die Mönche hatten Sehnsucht nach einem authentischen christlichen Leben, das ganz und gar vom Geist Jesu geprägt ist und nicht von der Anpassung an den Zeitgeist. So entstand eine Bewegung, die für die Kirche und für die damalige Gesellschaft ein Segen war. Obwohl die Mönche ausgezogen sind aus der Welt, haben sie für die Welt doch eine wichtige Bedeutung bekommen.

Die Spiritualität der Wüstenväter ist ganz konkret und sie geht immer über die Übung. Wer auf dem Weg zu Gott und auf dem Weg der inneren Wandlung weiterkommen wollte, der musste sich ein ganz konkretes Trainingsprogramm auferlegen. Das Ziel dieser Übung war, ganz und gar vom Geist Jesu Christi erfüllt zu werden und in seiner Seele auf Gott ausgerichtet zu sein und schließlich mit ihm eins zu werden. Es war letztlich ein mystischer Weg, ein Weg des Einswerdens mit Gott. Aber der Weg zur mystischen Erfahrung ging sehr konkret über die Handarbeit, das Fasten, das Schweigen, den Verzicht, zu bewerten und andere zu belehren.

IN DEN SCHRIFTEN DER MÖNCHSVÄTER steckt viel Menschenkenntnis. Sie haben sich selbst und ihre Mitbrüder genau beobachtet und Wege entwickelt, wie sie mit den eigenen Lebensmustern umgehen können. Dabei haben sie nichts verdrängt, sondern alles, was sie in ihrer Seele fanden, in das Licht Gottes gehalten.

Die frühen Mönche waren die Therapeuten ihrer Zeit. Unzählige Menschen sind damals in die Wüste gezogen, um bei den Mönchen Rat zu suchen. Sie kamen mit ihren Anliegen. Und die Mönche haben oft in sehr kurzen und prägnanten Worten einen Weg gewiesen, wie sie weitergehen können. Dabei haben sie ihnen die Probleme nicht abgenommen, sondern ihnen eine Übung mit auf den Weg gegeben. Wenn sie diese Übung praktizieren, dann wird sich ihr Leben wandeln. Sie werden mit anderen Augen auf ihre Situation schauen und sie werden sich für Gott öffnen und im Licht Gottes erkennen, worum es eigentlich im Leben geht. Das wird manche Probleme relativieren.

Es ging den Wüstenvätern darum, einen Weg zum gelingenden Leben aufzuzeigen. Sie vermochten das, weil sie selbst diesen Weg gegangen sind. Sie sprachen sehr nüchtern über den spirituellen Weg. Und so konnten sie auch den vielen Menschen helfen, die zu ihnen kamen, um in ihrer Orientierungslosigkeit einen gangbaren Weg zu finden. Sie führten diese Menschen behutsam zu Gott, in einer Sprache, die ihre Herzen berührte und sie für die barmherzige Liebe Gottes öffnete.

EIN RAT, den die Mönche den Ratsuchenden immer wieder geben, lautet: »Bleib bei dir selbst. Schaue nicht auf die andern. Vergleiche dich nicht mit andern. Schaue vielmehr in deine eigene Seele hinein. Was kommen da für Gedanken und Gefühle hoch? Halte sie in das Licht Gottes hinein. Du sollst weder die andern verurteilen noch dich selbst. Doch entscheidend ist, dass du dich mit allem, was in dir ist, anschaust, dass du wahrnimmst, was in dir ist, und es Gott hinhältst.«

Die Achtsamkeit ist für alle Religionen ein wichtiger geistlicher Weg. Achtsam seinen Weg gehen, das heißt, ganz in dem sein, was ich gerade tue, ganz im Augenblick sein. Ich achte auf die Regungen meiner Seele bei allem, was ich tue. Das bedeutet nicht, dass ich mich ständig beobachte und beurteile. Vielmehr nehme ich wahr, was ich tue.

Ich bin bewusst bei dem, was ich tue. Ich bin in meinem Leib, in meinem Gehen, in meinem Sitzen, in meinem Stehen. In dieser Achtsamkeit bin ich offen für Gott. Ich achte nicht nur auf den Augenblick, sondern auf den gegenwärtigen Gott. Das Bewusstsein, in Gottes Gegenwart zu leben, vor seinen Augen meinen Weg zu gehen, wird mich dazu führen, meine Schritte achtsamer zu setzen und wacher zu sein. Der Achtsame hat die Augen geöffnet. Er geht wach durch die Welt. Er ist frei von den vielen Illusionen, die wir uns häufig machen.

WER DURCH DIE WÜSTE wandert, der wird vom Schweigen eingehüllt. Manche werden irre an diesem Schweigen. Die Mönche haben das Schweigen, das sie von außen umgibt, als inneren Weg verstanden. Für sie war das Schweigen eine der wichtigsten spirituellen Übungen. Schweigen ist ein Heilmittel für die Seele.

Die erste Bedingung, dass ich das Schweigen aushalte, ist der Verzicht auf das Bewerten. Ich bewerte nicht, was in mir hochsteigt. Ich erlaube mir, dass alles sein darf, wie es ist. Ich lasse es erst einmal so. Ich nehme mich an mit allem, was in mir ist. Erst dann kann ich überlegen, wie ich damit umgehe. Ich möchte ja auch wachsen und weiterkommen auf meinem Weg. Aber ich werde nur weiterkommen, wenn ich mir eingestehe, wo ich gerade stehe und was mich bewegt.

Die zweite Bedingung, mich im Schweigen auszuhalten, ist das Vertrauen, dass Gott mich so annimmt, wie ich bin. Ich fixiere mich im Schweigen nicht auf mich selbst, sondern ich halte das, was in mir ist, Gott hin, mit der Gewissheit, dass Gottes Licht alles zu verwandeln vermag.
Im Schweigen wandere ich aus aus der Wohnung des Wortes. Ich wandere aus aus den Bindungen an diese Welt. Ich wandere letztlich auf Gott zu.

WER IN DER WÜSTE WANDERT und die Weite erlebt, der fühlt sich frei. Weite hat immer mit Freiheit zu tun. Die Wüste scheint endlos zu gehen. Wer sich solcher Weite aussetzt, dessen Herz weitet sich und er fühlt eine unendliche Freiheit in sich. Diese Freiheit wird für ihn zu einer tiefen Gotteserfahrung. Damit erfährt er etwas Wesentliches von Gott. Denn Gott ist die Freiheit. Und wer Gott wirklich begegnet, der wird frei von allem, was ihn sonst beherrscht.

VIELE VÄTERSPRÜCHE kreisen um die Frage, wie der Mönch zur Ruhe kommen kann. Die Erfahrung, dass die Tiefen meines Menschseins von der Liebe Christi durchdrungen und erfüllt sind, ermöglicht es mir, zur wahren Ruhe zu finden. Ich brauche vor nichts in mir Angst zu haben, weil alles von Christus erleuchtet ist.

IMMER WENN WIR DIE RUHE unseres Herzens gefunden haben, gehen wir ein in die heilige Ruhe Gottes. In dieser Ruhe hören unsere Selbstvorwürfe auf. Wir sagen gemeinsam mit Gott, dass alles gut ist, was er an uns und in uns gewirkt hat. Ruhe hat mit Zustimmung zu tun, Zustimmung zu Gott, Zustimmung zur Schöpfung, Zustimmung zum Sein.

Die Wüste ist ein Sinnbild für das Land der Ruhe. Indem wir durch die Wüste wandern, ahnen wir, dass das Land der Ruhe in uns selbst ist. In uns ist der Ort der Ruhe, an dem Gott selbst in uns Wohnung gefunden hat, um in unserem Herzen auszuruhen und uns an seiner Ruhe Anteil zu schenken. In uns ist die Stille der Wüste. In uns ist die Ruhe, die uns außen umgibt. Und in uns ist das Allerheiligste, in dem Gott selbst alles in uns heiligt und der Herrschaft dieser Welt entzieht, damit in ihm alles heil wird und ganz.

Bibliografische Information der Deutschen Nationalbibliothek
Die Deutsche Nationalbibliothek verzeichnet diese Publikation in der Deutschen Nationalbibliografie; detaillierte bibliografische Daten sind im Internet über http://dnb.d-nb.de abrufbar.

1. Auflage

Umschlagmotiv: Jürgen Hohmuth, Porträtfoto Anselm Grün: privat
Bilder innen: Jürgen Hohmuth
Reproduktion: redhead, Steinhagen
Druck und Einband: Těšínská tiskárna, a.s., Český Těšín
Printed in Czech Republic
ISBN 978-3-579-06468-0
www.gtvh.de